Libre

DAVINA FERREIRA

Davina Ferreira

Copyright © 2021 Libre.

All rights reserved. No part of this publication may be reproduced, distributed without the prior written permission of the publisher, except in the case of brief quotations embodied in critical reviews and certain other noncommercial uses permitted by copyright law. For permission requests, write to the publisher, addressed "Attention: Permissions Coordinator," at the e-mail address below.

davina@alegriamagazine.com

ISBN: 978-1-7379927-6-9

Published by Alegria Publishing
Book Cover design by Kimberly Rodriguez
Layout by Sirenas Creative

Libre

Davina Ferreira

Libre

Pensamientos Poèticos Feministas es una colección de micropoesía escrita a mano por la escritora y empresaria Colombo Americana, Davina Ferreira.

En esta colección, Ferreira nos invita a preguntarnos: ¿ Somos verdaderamente libres? ¿ Se puede ser "libre," cuando tantas mujeres - aùn no lo son - en pleno siglo XXI?

Estos micro poemas, donde Ferreira, le apuesta a la belleza y a la sencillez, nos invitan a encontrarnos en el anhelo de nuestra libertad más profunda.

Ferreira explora, como en sus otros libros,
a la mujer moderna y su mundo interior, sus deseos y el despertar femenino.

LIBRE es una invitación al corazón del alma feminista, decidida al fin, a vivir su verdad interior.

Davina Ferreira

Libre

NO PERMANEZCAS EN EL MISMO LUGAR
TODO EL TIEMPO,
NI CON EL MISMO MODO DE PENSAR,
NI SOÑAR.
MUÉVETE,
PIÉNSALO DE NUEVO
Y
CREA ALGO MÁS.

NO TE DETENGAS EN UN SOLO LUGAR,
EN UNA SOLA MANERA DE VER LA VIDA,
ESTA ES TAN GRANDIOSA,
QUE SI TE ESTANCAS EN UNA SOLA MANERA DE VIVIR...

Davina Ferreira

TE ESTARÁS PERDIENDO
LA OPORTUNIDAD DE DESCUBRIR:

UNA NUEVA MIRADA,
UNA CALLE DESCONOCIDA,
UN NUEVO BESO,
UN AMOR SORPRESIVO
UN ABRAZO IMPREDECIBLE,
EL COLOR DE UNA NUEVA FLOR
Y EL ALA ROJA DE UN PÁJARO.

CUANDO TE SIENTAS PERDIDA
Y NO SEPAS
CUÁL ES TU CAMINO,
O QUE PASO A SEGUIR,
MUÉVETE.

Libre

SUBE UNA MONTAÑA,
O MÈTETE AL MAR,
O CIERRA LOS OJOS Y
VIAJA A TU INTERIOR,
DONDE TODA INMENSIDAD
ES POSIBLE.

DEJA LO COTIDIANO,
LO QUE TE ADORMECE,
LO QUE MARCA LA MISMA
MANECILLA
DEL RELOJ

Y EL CAFÈ
A LA MISMA HORA.

Davina Ferreira

LAS MUJERES
NECESITAMOS
VIAJAR SOLAS
O
CON ALMAS AFINES.

LAS MUJERES
NECESITAMOS
ESCUCHARNOS
A NOSOTRAS MISMAS,
CONFRONTAR
NUESTRA VERDAD...
♥ Y
SI LO HACES
VEN Y CUÉNTAME
QUE ENCONTRASTE,
QUE DESCUBRISTE
A TU REGRESO.

Libre

Amor es comprender
que ni tú ni yo
sabemos bien
lo que es
y
aún así
lo seguimos intentando.

Davina Ferreira

EL AMOR ENTRA
POR
EL ALMA.

Libre

I

¿Cómo puedo ser verdaderamente
LIBRE

cuando en el mundo
más de 736 millones de mujeres,

UNA EN CADA TRES

es violada o abusada

por su pareja sentimental,

o algún familiar cercano

a ellas?

¿Cómo puedo ser verdaderamente
LIBRE?

II

SEGÚN LA ONU:

- ALREDEDOR DE 137 MUJERES MUEREN DIARIAMENTE EN MANOS DE SUS PAREJAS.

- 47% DEL TRÁFICO SEXUAL EN EL MUNDO ESTÁ COMPUESTO POR MUJERES

- CIENTOS DE MUJERES SON VÍCTIMAS DE LA MUTILACIÓN VAGINAL EN 31 PAÍSES (EN PLENO SIGLO XXI)

- 15 MILLONES DE ADOLESCENTES SON VÍCTIMAS DEL SEXO FORZADO.

Libre

III

Mi privilegio
no me hace LIBRE,
me hace responsable,
me guía en mi propósito,
me invita a crecer y
creer...
QUE MI VOZ
   NO SERÁ EL SILENCIO,
   NI LA APATÍA,

y MUCHO MENOS,

EL OLVIDO.

Davina Ferreira

IV

Si Alguna
de nosotras
Sufre,
No Somos
LIBRES.

Libre

V

¿Qué puedes hacer

HOY

por nuestra verdadera
LIBERTAD
individual y
colectiva?

Mi deseo
    es que
      encuentres
        un amor

que te quiera
con todas
tus cicatrices
y
sin maquillaje.

Libre

LAS BENDICIONES DEL AMOR:

LOS PÉTALOS QUE LE SALEN AL CORAZÓN QUE AMA DEMASIADO.

LOS FRUTOS QUE CUELGAN COMO ESTRELLAS SOBRE LOS HOMBROS DE LOS QUE AMAMOS.

LAS RAÍCES QUE SEMBRAMOS Y NO VEMOS FLORECER DE INMEDIATO Y CON EL TIEMPO SE CONVIERTEN EN LOS ÁRBOLES MÁS BELLOS.

(PORQUE EL AMOR QUE AMA COMO YO TE AMO SIEMPRE TRAE CONSIGO BENDICIONES).

Davina Ferreira

LA LIBERTAD
ES LA AUSENCIA
 DEL
MIEDO.

Libre

Si luego de la tormenta
 llega
 la Calma,

Esperaré veranos eternos,
luego de este diluvio
que Sobrevivimos! ♡

¿Cómo puedes ser feliz
a pesar de tanta tragedia?
– Me preguntó, mientras
se miraba en el espejo.

– Es simple – le contesté.
LA DESGRACIA LE TIENE
MIEDO A UN CORAZÓN
QUE AMA LA VIDA
PROFUNDAMENTE.

Libre

♡LIBRE
al quererte como sos,
al quererme como soy,
A la gente,
He Aprendido
Se le ama
 como es ⇊

Davina Ferreira

ME DECLARO
LIBRE
DE TODAS
LAS CADENAS
ANCESTRALES.
QUE NO SE RIGEN
POR LA LEY
DEL AMOR
SANO Y VERDADERO.

Libre

He descubierto
que el amor
Es mitad corazòn
y
mitad espejo.

Por si algún día te vas,
Por si algún día me voy,
RECUERDA:

NUESTRO AMOR
nos enseñó
que para ser
un buen equipo,
primero
debemos
elegirnos
a <u>nosotros mismos.</u>

Libre

MUCHA CERCANÍA
Y ME REPELES.

MUCHA LEJANÍA
Y YA TE EXTRAÑO.

LA DICOTOMÍA DEL AMOR...
  O DEL DESEO ♡

EL CAMINO
 HACIA
LA VERDADERA
 LIBERTAD
 COMIENZA
CUANDO ESTOY
      CONSCIENTE
QUE MIS DÌAS AQUÌ
 NO SON INFINITOS.

♡ ¿CÒMO QUISIERAS
   SER
   RECORDADA? ♡

Libre

DIME TU NIVEL
DE GRATITUD
Y
TE DIRÈ
QUEN ERES.

Davina Ferreira

EL AMOR
ES UNA AFIRMACIÒN DE VIDA.
NO SE PUEDE AMAR Y
ESTAR VACÌO.

EL AMOR
ES UNA AFIRMACIÒN DE VIDA.
SÒLO AQUEL QUE AMA
DANZA CON EL UNIVERSO.

EL AMOR
ES PRESENCIA PURA
Y NO EXTINTA,
MANANTIAL DE
AMOR DIVINO

Y LO ÙNICO QUE SACIA AL SER HUMANO.

Libre

SI ALGÚN DÍA
ME ENAMORÉ
MÁS DE LA CUENTA,

SI ALGÚN DÍA
QUISE A ALGUIEN
MÁS QUE A DIOS,
MÁS QUE A MÍ....

¡ PERDÓNAME ALMA MÍA !

Las tragedias del amor:

1. Amar y no ser amado

2. No saber que eres amado y descubrirlo demasiado tarde.

3. No saber que tú eres amor y gastarte la vida buscándolo en otro lado.

4. Viajar para encontrar el amor cuando siempre ha estado a tu lado.

Libre

Aquí donde estoy
Lo tengo todo.
Nada me falta.

El sol me sonríe...
Y un ave blanca
Paró a saludarme.

Yo pidiendo paraíso
Y aquí lo tengo.

Davina Ferreira

EN ESTE MOMENTO
HAY UNA MUJER
EN ALGUNA PARTE DEL MUNDO,
QUE SUEÑA CON SER AMADA
Y
ESCUCHADA,

QUE ANHELA SER LIBRE.

SI TÚ ERES MÀS LIBRE...

¿CÒMO VAS A AYUDAR
A QUE OTRAS MUJERES,
OTROS SERES,

SEAN LIBRES?

Libre

El amor no aprisiona
No limita
Ni encadena.

El amor no da sed
Da mares.

ANTES DE SOLTAR TUS SUEÑOS,

O DE
   DEJARLOS CAER
   SOBRE LA TIERRA
   COMO UNA PIEDRA PESADA,

ABRÁZALOS CON ESPERANZA.

PERO
SI LOS DEJAS CAER,
TENDRÁS DOS OPCIONES:

1. SE PULVERIZARÁN
   Y TENDRÁS QUE
   VOLVER A SOÑARLOS.

2. DE LA TIERRA
   VOLVERÁN A NACER
   GRACIAS A LA ALQUIMIA
   DE OTROS SOÑADORES.

Libre

NO TE CONOZCO
Y YA TE AMO,

HERMOSA Y VENIDERA

VERSIÒN DE MI SER.

ALMA GEMELA Y
PASAJERA.

¿RECONOCERÈ
    TUS ALAS
        DORADAS?

Davina Ferreira

AMAR
/AUNQUE AMAR /
SEA MÁS
/DE TODO/
MENOS ESO
/QUE IMAGINASTE/
PERO AL FIN DE CUENTAS
/ESE AMOR/
Ese AMAR
Eres TÙ.

Libre

El amor
eres
TU.

Un Òceano
Sagrado

Bañado
por el
horizonte.

Davina Ferreira

♡ ¿Cómo se llaman
las almas

que se reconocen
luego de
tantos soles
y lunas?
♡

Libre

¿Alguna vez nos enseñaron como mujeres a ser Verdaderamente LIBRES?

Davina Ferreira

QUEREMOS SER FELICES
PERO NOS ATAMOS
A TODO LO QUE IMPIDE
NUESTRA FELICIDAD.

COMO SI NO LA MERECIERAMOS,
COMO SI SENTIRSE FELIZ
FUERA EGOÍSTA,
COMO SI EL OTRO
FUERA MÁS VALIOSO
QUE NOSOTROS MISMOS,
Y ESTA MARAVILLOSA
   OPORTUNIDAD
   DE VIVIR.

Libre

PARA AMAR
Se necesitan :

Dos Almas Presentes
+
MOMENTOS MÁGICOS
+
No perder la Esperanza.

Davina Ferreira

Mirándote
a los ojos
comprendí:

Que el fuego
tiene nombre.

Libre

NADA
NI
NADIE
QUE ME HAGA
MENOS LIBRE
TENDRÁ ACCESO
A MI ALMA.

(FRIENDLY REMINDER)

Davina Ferreira

Vine a
dejarle
al mundo
mi corazón, ♡
mi poesía.

Libre

Cuando no escribo,
Cuando no amo,

No soy nada.
No soy nadie.

Davina Ferreira

NO PODEMOS SER
VERDADERAMENTE
LIBRES

SIN AMOR
SIN AMAR

Libre

Ser
o
Creerme
LIBRE
Sin La presencia
del SOL,
de tu amor,
es una
UTOPIA.

Davina Ferreira

SI TU AMOR
TE CORTA LAS ALAS.

BAÑATE A LA LUZ
        DE LA LUNA

HASTA QUE SU LUZ

TE ENSEÑE COMO VOLAR,
Y COLOREAR
TUS NUEVAS
ALAS DORADAS.

Libre

TU AMOR
ME ENCIENDE
Y NO LOGRA
APAGARME.

¿AHORA QUE HAS CREADO
ESTE FUEGO
DENTRO DE MÍ,

QUÈ HARÀS CON ÈL?

El verdadero èxito:
Poder amar aùn,
a nuestra edad
y
/A pesar de todo/

A corazòn abierto.

Libre

YO YA ERA ANTES DE TI
PERO LLEGASTE
A MOSTRARME:

1. QUE LAS MAÑANAS
   SI AMAN A LOS AMANTES.

2. QUE MI PIEL AÚN
   SE ESTREMECE
   EN LOS BRAZOS DEL AMOR.

3. Y QUE MIS BESOS
   BEBEN DEL SOL
   SU MIEL ILUMINADA,

4. Y QUE MI SED FLOTA
   EN OTRA GALAXIA
   EXTASIADA.

        (DONDE ANTES YO NO ERA
          O EXISTÍA).

Davina Ferreira

Ser
LEAL
a mí misma,
a mis sueños,
a lo que me hace
sentir viva.

Libre

AMARTE
ES PERMITIR
QUE SEAS
TÙ...
Y SEAS
LIBRE.
(TOTALMENTE
LIBRE).

DISCÚLPAME
CORAZÓN
MÍO

POR DEJAR QUE TE QUEBRARAN,
QUE TE ROMPIERAN
TANTAS VECES,

POR NO CONOCERTE
MEJOR
PARA ENTENDER
QUE TODO LO QUE
BUSCABAS
ERA MI TIERNO, Y
PROPIO,

AMOR.

Libre

AMAR DESDE MI PROPIA
LIBERTAD
Y NO DESDE
 MI NECESIDAD,

ES EL MEJOR REGALO
QUE ME PUEDO DAR...

NO SOLO A MI MISMA,
PERO TAMBIÉN A LOS
DEMÁS.

Davina Ferreira

EMPACARÉ MIS SUEÑOS
Y EN MI ESPALDA,
SE IRÁN DE AVENTURA CONMIGO.

SUBIREMOS MONTAÑAS Y RÍOS,
MIRAREMOS UN NUEVO ATARDECER
Y NOS CONOCEREMOS EN
NUESTRA MEJOR VERSIÓN.

ASÍ QUIZÁS ENTENDERÁN
QUE CUANDO ESTAMOS JUNTOS,
SOMOS INVENCIBLES Y
QUE NO HAY CIMA
DEMASIADO ALTA
PARA NOSOTROS,
CUANDO ESTAMOS JUNTOS.

Libre

Dentro de ti
habitan todos los
　　　　mares,
y cada continente
y el dolor del otro
y también su dicha.
Estamos hechos
de la misma
　　MAGIA.

Davina Ferreira

VOLVER A SENTIR
BAJO UNA LUNA LLENA.
BESARTE.
ESTREMECERME.
SENTIRME VIVA.
RE-DESCUBRIR MI SENSUALIDAD.
EXTRAÑAR EL OLOR DE TU CUELLO,
QUERER QUE NO PASEN LAS HORAS,
PARA QUE NO TE VAYAS.
REÍRME DE TODO Y DE NADA.
LEVANTARME A VER EL AMANECER.
DORMIR MENOS DE LA CUENTA.
HACER EL AMOR MÁS DE LA CUENTA.
SALIR DE ESTE LETARGO.
CONTAR LOS DÍAS PARA VERTE.
PENSAR EN TI A CUALQUIER HORA.

SABER QUE AUNQUE SOMOS EFÍMEROS,
GUARDAREMOS ESTE AMOR
EN EL CAJÓN DE LOS
MOMENTOS MÁGICOS.

Libre

TRISTE O FELIZ,

HOY SÉ QUE SOY
MI ÚNICO
AMOR ETERNO.

(GRACIAS POR RECORDÁRMELO)

Davina Ferreira

NO HAY NADA MEJOR
QUE RECORDAR
QUE DENTRO DE MÍ
EXISTE
TODO LO QUE HE SOÑADO,
      Y
QUÈ MARAVILLOSO ES
           DESPERTAR
    Y
  RECORDAR
QUE TENGO EL PODER
DE HACER TODOS
ESOS SUEÑOS
        MI REALIDAD.

Libre

QUÈ LINDO
ES VIVIR
AMAR
Y
CREAR
(COMO SI FUERA TU ÙLTIMO DÌA).

Davina Ferreira

Si las mujeres
  antes de ti,

No pudieron...
  Si el mundo no las dejò...

Si tu abuela y tu madre,
  Quizàs lo pensaron,
   Pero no lo realizaron...

Ahora tù puedes
    regalarles,
 En honor a sus sueños...
El privilegio de poder
 vivir los tuyos.
      (Honra a tus ancestros).

Libre

Cuántas mujeres
  alrededor del
      mundo

soñarán con la vida
que ahora tengo?

   (No se trata de
   triunfar a solas.
   El verdadero triunfo
   es colectivo).

Davina Ferreira

¿CÓMO PUEDO AYUDAR

A OTRA MUJER,
A OTRAS MUJERES,

A OTRO SER,

A OTROS
SERES,

A RECORDAR

SU PROPIO PODER,
SU PROPIA LUZ?

(A TRAVÉS DE MI VIVIR:
DESDE MI LUZ,
MI PODER).

Libre

La libertad
es poder
reconocer
<u>TU PODER</u>
y usarlo
PARA BIEN! ♥

Davina Ferreira

I

SI LA FELICIDAD
LLEGA DE SORPRESA
Y TE INVITA A BAILAR
EN UN VERANO CUALQUIERA,
NO LO PIENSES
DOS VECES,
ACOMPÁÑALA.

        LA FELICIDAD
        ES UNA DIOSA ENAMORADA
        Y PRONTO PARTIRÁ
        A OTROS CORAZONES,

Y QUIZÁS
YA NO LA ATRAPES
DE NUEVO

        EN SU RÁPIDO
            CAMINAR,
        EN SU SILENCIO
            CAPRICHOSO,
        EN SU DULZURA
            OCULTA,
        Y SU PLACER
            ESQUIVO. →

Libre

II

SI LA FELICIDAD
LLEGA DE SORPRESA
Y TE INVITA A TOMAR EL SOL
EN MEDIO DEL DÍA Y

TE OFRECE
UN BESO
TAN PROFUNDO
COMO SU LIBERTAD,

DEJA TODO
LO QUE ESTÉS
    HACIENDO
    Y
    SÍGUELA.

Davina Ferreira

EL AMOR
QUE BUSCO Y
QUE SOY
NO SE ENCUENTRA
EN VIEJAS
INSTITUCIONES
CREADAS
PARA LA OPRESIÒN
FEMENINA.

Libre

A LA LUZ DEL AMOR,
TODO ES PARTE
DE TU APRENDIZAJE.

LIBÉRATE
DE
TUS CULPAS,
TUS REMORDIMIENTOS
Y
TUS ERRORES,

ESTOS TE ~~HAN~~
TRANSFORMADO.

Davina Ferreira

FELIZ
ES AQUEL
AQUELLA
AQUELLX

Q' CON CONSCIENCIA
PUEDE
ENCONTRARSE
CON LA GRATITUD
Y LA PAZ
(A LA VUELTA
DE CUALQUIER
ESQUINA).

Libre

LIBRE ?

- PERO TE EXTRAÑO
- PERO TENGO QUE APRENDER A
  VIVIR SIN TÍ...
  SIN TUS BESOS

DEFINITIVAMENTE
(AÚN TENGO
MUCHA TAREA
POR HACER
EN ESTE CAMINO
A LA LIBERTAD
DEL SER).

Davina Ferreira

LIBRE
de pensamientos
que me limiten,
que nos limiten,

ALCANZAREMOS

nuestra
(verdadera)

LIBERTAD!

Libre

Cada día
me voy conociendo
 más,
y de esta manera
puedo entender
con más
Compasión

a los demás.

(VIVIR, AMAR y
NO JUZGAR:
LA META).

Davina Ferreira

TUS PROPIOS JUICIOS,
TUS CRÍTICAS PERSONALES,
NO SOLO TE HACEN
         SENTIR MAL ...

(TAMBIÉN TE
HACEN MENOS
LIBRE)

Libre

♡ ¿DECIDES
AMAR
CON
LIBERTAD
o
CON
CADENAS? ♡

(EL AMOR CON
ASFIXIA NO
DURA).

Si me
Amas

Regálame

Alas.

Libre

FIRMEMOS
UN ACUERDO
DE PAZ,
PASIÒN
Y
RISAS

SER LIBRE
ES
VIVIRTE
CADA MOMENTO

ENCONTRARTE CON TU
CORAZÒN

CADA MAÑANA
Y
DECIRLE:

—AQUÍ ESTOY—

¿A DÒNDE ME LLEVAS HOY?

Libre

Si Amas
mi libertad,

Si Amas
mi capacidad
de soñar,

me quedo
contigo.

Cierra tus ojos,
Respira Profundo
(Inhala contando
hasta 4,
Sostén la respiración
hasta 4,
y Exhala
contando hasta 4).

(Siente el comienzo
de tu propio
despertar).

Libre

LA FELICIDAD
ES
UNA DECISIÒN
PROPIA.

Davina Ferreira

PELEA POR TU LIBERTAD !

(ENCIENDE UNA VELITA BLANCA EN HONOR A OTRAS MUJERES QUE NO PUEDEN HUIR, CORRER, ESCAPAR, SALVARSE AÙN :( )

Libre

Respiro
LIBERTAD
Cuando conecto
con mi ser
SUPREMO.

Davina Ferreira

ME LEVANTO JUNTO A TI,
Y MI LIBERTAD SABE
A LA PRIMERA GOTA
        DE ESTE
          AMANECER,
QUE HOY, POR PRIMERA VEZ
        CONOCE NUESTROS OJOS,

DESPUÉS DE TANTAS TEMPESTADES.

LAS AVES SOLO NOS ESCUCHAN
Y LA LUNA QUE NADA CUENTA
Y TODO LO SABE,

      Y EL SILENCIO DE SIEMPRE
    ES NUESTRO DESTINO.

MIS LABIOS Y TUS OJOS
      COMO EL ÚNICO JURAMENTO.

Libre

Amar
Sin
OLVIDARME.

(DAME LA RECETA)

Davina Ferreira

AMAR Y

COMPRENDER

QUE NO TE PUEDO

SALVAR

SÒLO AMAR.

Libre

Ser
Libre

de todo lo
qe nos mantiene
pequeños !

AQUÍ ESTOY
Amando hasta en el desapego.
Amando hasta en el último adiós.
Amando hasta el momento
en que mirando hacia atrás,

observe todo lo que hemos
sembrado

Gracias al milagro de
nuestro amor.

Libre

Tú
decides

cómo

cuándo

y

dónde

(tu cuerpo
es
sagrado).

NUNCA DEJES
DE
CRECER
(O CRECER
MÁS
LENTAMENTE)
POR NADIE.

Libre

Vivir
tu verdadero
DESTINO

Siempre

hará

toda La

Diferencia.

Si hoy haces
lo qe Amas
(eres màs
LIBRE qe
el 97% del
Planeta).

Libre

ENTRE TU CUERPO Y EL MÍO
ALGUIEN CONSTRUYÓ
UN PUENTE
AL INFINITO.

DONDE ME LLEVAS DE LA MANO,
PERFECTA ODISEA
DE PLACER Y DICHA.

CAMINANDO
TÚ Y YO
POR ESTE HILO BLANCO
DE ANHELO,
      NOSTALGIA Y
            PRESAGIO.

Soñándote,
   Imaginándonos,
      Me siento LIBRE

Davina Ferreira

CREA TU
PROPIA
FELICIDAD
UN DÍA A LA VEZ.

(NO SE VALE
SALTARSE
DÍAS).

Libre

SI ALGÙN DÌA
DESPIERTAS
Y YA NO SIENTES
      ALEGRÌA
AL SENTIR UN NUEVO DÌA,

AGARRA UNA MALETA,
VIAJA,
ASI SEA A OTRA ESQUINA,

DEVUÈLVETE TU TIEMPO

Davina Ferreira

NO HAY MEJOR
♡
LIBERTAD

que la del ALMA.

Libre

LIBRES,

¿Acaso es el amor,
Aquel, Aquella
Que sabe que no le pertenece
a nadie,
Pero a sí mismo,
a sí misma?

Davina Ferreira

AMARTE COMO SI NUNCA
        HUBIESE AMADO,

PIES DESCALZOS SOBRE LA ARENA
           DE MI ALMA,

CABELLO SUELTO SOBRE EL HORIZONTE,
LABIOS FÈRTILES
COMO AQUEL ENCUENTRO DE VERANO.

Libre

ÁMAME

COMO SI NUNCA HUBIERAS AMADO,
PASIÓN,
EN TUS DEDOS DIBUJÁNDOME
ANHELO,
DE TODAS LAS NOCHES ENTREGADAS.

ÁMAME

COMO SI NUNCA HUBIERAS AMADO,
SIN LA ESPIGA,
DEL DOLOR
ENREDADA EN TU ESPALDA,
SIN EL ARMA,
EN CASO DE EMERGENCIA,
SIN LA MUERTE LENTA
DE LA ILUSIÓN Y EL PARAÍSO.

Davina Ferreira

TU y YO (JUNTOS)
SOMOS
POESÌA.

Libre

No hay nada mejor
que reírse con una amiga
de uno mismo.

(terapia gratis)

Davina Ferreira

I

QUE ME DIGAN LOCA
(no será la primera y menos
la última vez).

QUE SE RÍAN DE MÍ
Por gozarme la vida
A pesar de todo,

    Por no seguir
    ningún libro
    en el arte de vivir.

QUE SE RÍAN DE MI,
Por no cumplir
con todos los requisitos
que supuestamente debe
cumplir una mujer;

    Cuando lo único
    que ella debe seguir
    es su propia luz y
    evolución. →

Libre

II

Que hablen de mí,
y ojalá mucho...

    Mientras yo canto
    al aire libre,

      mientras yo
        siento
      la lluvia,

y sumerjo
    mis pies
      en el agua.

→

III

QUE HABLEN DE MÍ
PORQUE SIENTO
MÁS DE LA CUENTA,

   Porque miro
   lo que los
   demás no ven,

   Porque me conmuevo
   con el dolor del otro
   y hasta puedo
   llorar en sus brazos.

QUE HABLEN DE MÍ,
los que se olvidaron
de sentir; →

Libre

~~IV~~

Mientras yo bailo
en una calle desconocida,
con un ser o varios
maravillosos,

Para que mi ALEGRÌA
no muera bajo una flor
                  seca

o en algún
parque muerto,
donde nadie
se sienta
a leer un libro,
    o ...
escribir POESÌA,
  Observar a un anciano,

o lo divino
en un niño
      o un àrbol ... →

V

Un Ave,
Y la linda sonrisa del sol
al acostarse cada tarde
sobre mis piernas.

Que me digan loca,
loca de las buenas,
de las que se enamoran
en cada esquina
y hacen el amor
en cada acto,

Y viaja sola,
y le encuentra el cuento
a la vida
tanto en la dicha
como en la desdicha.

Libre

Ya
No espero nada
           de tí
   y
todo de MÍ.

       (Ahí es donde debemos concentrarnos)

Davina Ferreira

Vivo,

Viviré

en armonía
con este planeta
hasta que la muerte
nos separe ! ♡

Libre

CUANDO TODA MUJER
PUEDA VIVIR SUS SUEÑOS,
SEA MADRE
O
DIOSA DE SUS DONES,

EMPERATRIZ
DE SU PROPIO IMPERIO

MUSA DE SÍ MISMA
Y
~~HADA~~ ILUMINADA,

SOLO ~~ESE~~ DÍA

Seremos
       Verdaderamente
                LIBRES.

Davina Ferreira

AMAR
Y
SER AMADO

(RARA Y HERMOSA
REALIDAD).

Libre

Davina Ferreira

www.davinaferreira.com

Libre

GRACIAS
DE
TODO
CORAZÒN
♡

Davina Ferreira

SOBRE LA AUTORA:

Davina Ferreira es una empresaria y poeta galardonada de origen Colombo Americano.

Ferreira es la creadora de la compañía ALEGRIA Media & Publishing, una compañía multimedia que destaca el talento LatinX a través de su librería móvil, editorial independiente y su revista con más de 9 años de historia.

Ferreira nació en Miami, Florida, pero creció en Medellín, Colombia.

En 1997, emigró a Los Estados Unidos, donde recibió su licenciatura en Arte Dramático de la Universidad de California, Irvine para luego incursionar en el teatro bilingüe en La ciudad de Los Ángeles.

Años después, continuó sus estudios en la Real Academia de Artes Escénicas (RADA) en Londres y se unió a la Universidad de California, Los Ángeles para culminar sus estudios de periodismo en Español.

Su trayectoria como poeta y autora independiente incluye los libros:

Take Me with You, una colección de cuentos y poemas en formato bilingüe.

Finding my Alegría, una autobiografía para adolescentes para crear consciencia sobre las enfermedades de salud mental.

If Love Had a Name, una colección de poemas en Inglés. Ganadora de la medalla de oro en el Latino International Book Festival.

Stories of Happy Lovers & Unhappy Wives, Una colección de relatos cortos enfocados en el feminismo y el erotismo.

Libre, Una Colección de Pensamientos Poéticos Feministas en Español.

Davina Ferreira

En 2020, La revista de Oprah, ***Oprah Daily*** destacó la labor de Ferreira en el mundo de la literatura LatinX en USA para apoyar a autores emergentes y promover la literatura Latinoamericana en barrios y escuelas de bajos recursos.

Otros premios incluyen:
Empowered Women Award por la fundación de ***Tory Birch***, El Premio de ***Rising Star*** de La Asociación Nacional de Empresarias Latinas en USA, y de ***CSQ Magazine*** Award New Gen entregada en el Rockefeller Center in New York City.

Libre

Davina Ferreira

www.ingramcontent.com/pod-product-compliance
Lightning Source LLC
Chambersburg PA
CBHW070046120526
44589CB00035B/2357